Schloss Engers

Jörg Restorff und Jan Meissner

Führungsheft 22

Edition
Burgen, Schlösser, Altertümer
Rheinland-Pfalz

Edition Burgen, Schlösser, Altertümer
Rheinland-Pfalz

FÜHRUNGSHEFT 22

Herausgegeben von
Burgen, Schlösser, Altertümer Rheinland-Pfalz,
Landesamt für Denkmalpflege Rheinland-Pfalz und
Landesmedienzentrum Rheinland-Pfalz

Impressum

Burgen, Schlösser, Altertümer
Rheinland-Pfalz
Festung Ehrenbreitstein
56077 Koblenz
Tel.: 02 61/9 74 24-44
Fax: 02 61/9 74 24-50

Landesamt für Denkmalpflege
Rheinland-Pfalz
Erthaler Hof – Schillerstraße 44
55116 Mainz
Tel.: 0 61 31/20 16-0
Fax: 0 61 31/20 16-1 11

Landesmedienzentrum
Rheinland-Pfalz
Hofstraße 257c
56077 Koblenz
Tel.: 02 61/97 02-0
Fax: 02 61/97 02-202

Bildnachweis:
Landesamt für Denkmalpflege Rheinland-Pfalz, Mainz: Abb. vordere Umschlagseite, S. 7, 21, (Heinz Straeter) – S. 5, 29, 30, 32, 36, 37, 38, 43, 46 (Sigmar Fitting) – S. 6, 13, 14, 34, 51 (Foto-Archiv). – Landesmuseum Koblenz (Michael Jordan): Abb. S. 9, 11, 15, 17, 26, 33, 39 oben, 44. – Landesmedienzentrum Rheinland-Pfalz (Ronny Schwarz): Abb. S. 19, 23, 24, 25, 27, 35, 39 unten, 40, 41, 42, 45, 47. – Mittelrhein-Museum Koblenz: Abb. S. 31.

Die Deutsche Bibliothek – CIP-Einheitsaufnahme

Bibliografische Information Der deutschen Bibliothek
Die Deutsche Bibliothek verzeichnet diese Publikation in der Deutschen Nationalbibliografie; detaillierte bibliografische Daten sind im Internet über http://www.dnb.ddb.de abrufbar.

Weitere Informationen über „Burgen, Schlösser, Altertümer Rheinland-Pfalz“ und das Programm des Verlags Schnell & Steiner erhalten Sie im Internet unter
www.burgen-rlp.de
www.schnell-und-steiner.de

1. Auflage 2003

Leibnizstraße 13
D–93055 Regensburg
Satz und Lithos: Visuelle Medientechnik GmbH, Regensburg
Druck: Erhardi Druck GmbH, Regensburg
ISBN 3-7954-1459-8

Inhalt

Johann Philipp von Walderdorff (1701–1768) stammte aus einer altadligen reichsritterlichen Familie, die seit dem 13. Jahrhundert im Taunus und in der Wetterau ansässig war. Als nachgeborener Sohn eines Reichsfreiherrn war er von Geburt an für die geistliche Laufbahn vorgesehen. Der 15-jährige empfing 1716 in Mainz gleichzeitig die Firmung und die niederen Priesterweihen. Damit konnten ihm geistliche Würden übertragen werden. Die im 18. Jahrhundert übliche Verwandtenprotektion sorgte für einen schnellen Aufstieg. Die ersten Stufen seien übersprungen. 1739 wurde er Domdechant und kurfürstlicher Stadthalter in Trier. In seinem Amt zeichnete er sich durch Jovialität, Menschenfreundlichkeit und Bürgernähe aus. 1754 wurde Johann Philipp von Walderdorff zum Koadjutor des Kurfürsten Franz Georg von Schönborn mit dem Recht der Nachfolge im Kurfürstentum Trier gewählt. Er war ein Kompromisskandidat, der im Windschatten zweier sich blockierender Parteien zum Erfolg kam. 1756 trat er die Nachfolge des Kurfürsten an, 1763 wurde er zusätzlich Bischof von Worms. Johann Philipp zeichnete sich als Bauherr, Kunstliebhaber und Mäzen aus. Politisch war er eher durchsetzungsschwach und abhängig von seinen Beratern und Amtsträgern, denen er weitgehend freie Hand ließ und die ihn zunehmend von Entscheidungsprozessen fern hielten. Der Kurfürst wandte sich vermehrt seinen Leidenschaften zu, dem Bauen und der Jagd. Man kann dies als eine Flucht aus dem politischen Tagesgeschäft sehen. Das Jagdwesen wurde stark ausgeweitet; von einer Jagd mit 2000 Treibern und türkischer Musik wird berichtet. Der päpstliche Nuntius Oddi berichtete von seiner Vorliebe für die „Tavola“, also für gutes Essen und Trinken, stellte aber wenig politische Initiative fest. Im Umgang war der Kurfürst freigiebig und großzügig. Seine Berufung sah er in ausgedehnten Baumaßnahmen: Neben dem Ausbau des kurfürstlichen Palais in Trier entstanden als Neubauten die Schlösser in Wittlich und Engers. Hinzu kam der Neubau des Familienschlosses in Molsberg, der aber nur zu einem Drittel vollendet wurde. Heute geben nur noch die Schlösser in Molsberg und Engers ein Zeugnis ab für die Kennerschaft und den exquisit zurückhaltenden Geschmack des Kurfürsten bei Raumausstattungen und Einrichtungen, da das kurfürstliche Palais in Trier im 2. Weltkrieg ausbrannte und das Schloss in Wittlich seit dem Anfang des 19. Jahrhunderts nicht mehr existiert.

Heinrich Foelix, Portrait des Bauherrn Kurfürst Johann Philipp von Walderdorff (um 1760).

Baugeschichte

Der für seine ausgeprägte Jagdleidenschaft bekannte Erzbischof ließ in den zwölf Jahren seiner Regierungszeit (1756–1768) drei Landschlösser errichten. Zwei davon, Schloss Engers und Schloss Wittlich, waren Jagdschlösser, in denen der Kurfürst und seine umfangreiche Jagdsuite während ihrer Jagdpartien wohnten. Zuerst wurde das unweit von Koblenz am rechten Ufer des Rheins gelegene Schloss Engers 1758–62 erbaut.

Die unter der planerischen Leitung des kurtrierischen Hofarchitekten Johannes Seiz (1717–1779) errichtete Jagdanlage ersetzte die mittelalterliche Burg Kunostein, die der Trierer Erzbischof und Kurfürst Kuno von Falkenstein 1371 in Engers hatte errichten lassen. Das Aussehen der Burg, deren beherrschender Akzent ein stattlicher Rundturm mit auskragendem Zinnenkranz war, überliefert eine 1636 entstandene Federzeichnung von Wenzel Hollar (Chatsworth, Slg. Duke of Devonshire), auf der die Geschützbatterien der Burg eine Ehrensalve für das Schiff des englischen Gesandten T. H. Arun-

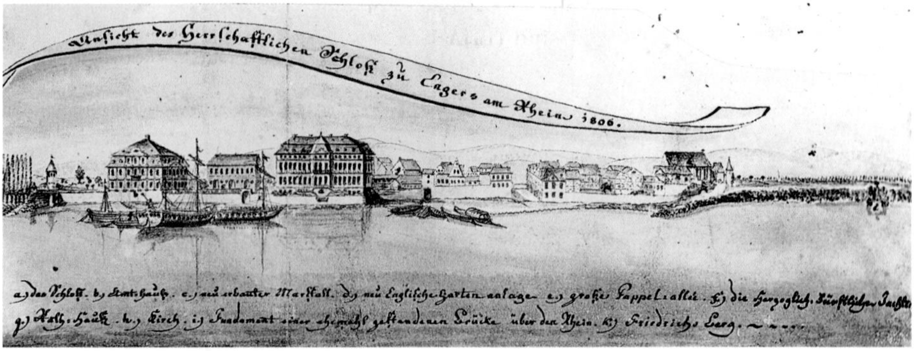

Das Schloss auf einer Zeichnung von 1806. Blick über den Rhein mit dem Spee'schen Haus (links). Vor dem Schloss ankern die beiden Lustjachten, die 1772 ff. und 1774 nach Entwürfen von Johannes Seitz für den (letzten) Kurfürsten Clemens Wenzeslaus gebaut wurden. Sie wurden 1803 mit dem Schloss vom Fürsten Friedrich Wilhelm von Nassau-Weilburg übernommen.

del abschießen; nach dieser Vorlage entstand der bekannte Stich aus Matthäus Merians Topographie von 1646. In den Raubkriegen Ludwigs XIV. (1667–97) wurde Burg Kunostein durch französischen Kanonenbeschuss stark beschädigt. Wie weit die Zerstörung der Burg damals ging, ist ungewiss; doch lässt sich archivalisch belegen, daß neben dem robusten Turm auch eine Burgkapelle im 18. Jahrhundert noch bestand und erst im Zuge der Bauarbeiten an Schloss Engers abgerissen wurde.

Zunächst allerdings ließ Johann Philipp 1757/58 die Reste der mittelalterlichen Anlage unter beträchtlichem Finanzaufwand modernisieren. Aus diesem frühen Stadium der Planung stammt ein Entwurf für eine neu projektierte Treppe in der Burg, beschriftet von dem Mainzer Baumeister Johann Dillmann. Doch stellte sich wohl bald heraus, daß eine bloße Renovierung des mittelalterlichen Baus den gehobenen Wohn- und Repräsentationsbedürfnissen des Kurfürsten nicht genügen konnte. So gab Johann Philipp schließlich 1758 Order, die Burg Kunostein abzureißen. Mit dem Abbruch wurde wiederum Johann Dillmann beauftragt. Während die zum Rhein hin gelegenen Reste des Burggebäudes noch 1758 abgetragen wurden, verzögerte sich der Abriss des Turms bis 1761, was aus der Tatsache hervorgeht, dass der diesbezügliche Akkord mit Dillmann erst am 2. November 1760 abgeschlossen wurde; die bis Ostern 1761 zu beendende Arbeit wird ihm hier unter der Bestimmung verdingt, *daß obige Abbrechung des Thurms dergestallten unternommen ... werden solle, daß dem Engerser Schloss kein Schaden, oder Verletzung dadurch entstehe.* Das Schloss wurde also nicht, wie manchmal zu lesen ist, anstelle des alten Turms, sondern neben demselben gebaut. Während zwei in das Jahr 1758 zu datierende Vorprojekte von Johannes

Seiz für Schloss Engers noch im Landeshauptarchiv Koblenz vorhanden sind (LHA Ko, Best. 702, Nr. 2299 u. 2300), haben sich, abgesehen von wenigen Detailrissen, die Ausführungsentwürfe des Hofarchitekten nicht erhalten.

Der Grundstein von Schloss Engers wurde im Juni 1759 gelegt. In einer Art „Architektengemeinschaft" teilten Johannes und sein jüngerer Bruder Johann Andreas Seiz (1722–1778) das Bauwesen dergestalt unter sich auf, dass der in Trier mit dem Umbau des Kurfürstlichen Palais beschäftigte Johannes die meisten Materialien dort einkaufte und die Verschiffung über Mosel und Rhein nach Engers organisierte. Bauleiter vor Ort war Andreas Seiz, dem für die Abwicklung der Akkorde mit den Handwerkern der Bauinspektor und Hofkaplan Schilli zur Seite stand. Bereits Ende 1759 war der Bau in wesentlichen Teilen aufgeführt.

Eine vom Kurfürsten wohl zu Anfang des Jahres 1760 verfügte einschneidende Abänderung der Ausführungspläne machte nicht nur eine Verlegung und komplette Neuerrichtung der Hauptstiege notwendig, sondern führte auch zu Modifikationen in den repräsentativen Räumlichkeiten. Im Juni 1760 sollten im Festsaal zwei Türen und zwei Nischen zugemauert und der

Das Schloss im Ortsbild von Engers, links das Spee'sche Haus (Adelssitz um 1770).

Haupteingang höher gelegt werden, in dem darunter liegenden Gartensaal des Erdgeschosses zwei Türen zugemauert und vier neue Türen in die Wand gebrochen werden. Vom 15. Februar bis 10. Oktober 1760 hat der Maurer Joseph Kotz *in denen drey stock-wercken die wänd außgeschlag und wiederumb ausgemauert.* Das Datum 1760 fand sich im 2. Obergeschoss auf dem Wandputz des Flures bei der östlichen Nebentreppe.

1760 lieferte die schon am Ehrenbreitsteiner Dikasterialbau beteiligte Schlosserwerkstatt Unterseher schmiedeeiserne Balkon- und Fensterbrüstungen für die Rheinseite des Schlosses. In acht Kisten verpackt, schickte der Spiegelhersteller Lind aus Frankfurt hundert Glasscheiben nach Engers.

Der bildnerische Schmuck des Baus geht zum großen Teil auf Ferdinand Tietz zurück, mit dem am 28. August 1758 ein entsprechender Akkord abgeschlossen wurde. Tietz fertigte für die Attika des rheinseitigen Mittelrisalits eine von zwei Löwen gesäumte Wappenkartusche, dazu vier Vasen, für den Mittelteil der Ehrenhoffront eine Monogrammkartusche mit Fama und Löwen sowie vier von Putten flankierte Vasen.

Kunstreichster Teil des gesamten Schlossensembles ist die in allen Teilen von Johannes Seiz entworfene schmiedeeiserne Ehrenhofeinfassung, für die der Architekt auch – nicht erhaltene – hölzerne Modelle herstellte. Am 9. Januar 1762 wurden das zentrale Prunkgitter an Michael Glauckert, die vier Nebenstücke jeweils zur Hälfte an den Ehrenbreitsteiner Hofschlosser Johannes Servatius Schneider und den Engerser Schlosser Peter Diemont (Demand) verakkordiert. Der Vertrag mit Schneider und Diemont über die Fertigung der Seitengitter vom Schloss bis zu den Wachthäuschen datiert vom 20. Februar 1762. Und am 15. Mai 1762 heißt es in der Rechnung: *Der steinhauer günthermann zu Schönborns-Lust hat die haustein pfailer zur Einfaßung des Hofs am schloß Engers verfertiget.*

Die Ehrenhofeinfassung von Schloss Engers erhielt auch einen reichen Skulpturenschmuck: Auf alle vierundzwanzig Pfeiler der beiden Seitenarme kamen Figurenbüsten; acht ganzfigurige Sandsteinskulpturen wurden auf den Dächern der beiden Torhäuschen postiert, vier große Ornamentvasen gelangten auf die Pfeiler der Nebenstücke des zentralen Prunkgitters, und schließlich rundeten die obligatorischen Wappenlöwen beidseits der Einfahrt das bildhauerische Ensemble ab. Alle diese Sandsteinplastiken sind als Arbeiten von Joseph Ignatius Feill aus den Jahren 1761 und 1762 gesichert.

Die innere Ausstattung wurde zügig in Angriff genommen. Am 16. Juli 1759 schloss Andreas Seiz einen Akkord mit dem Zim-

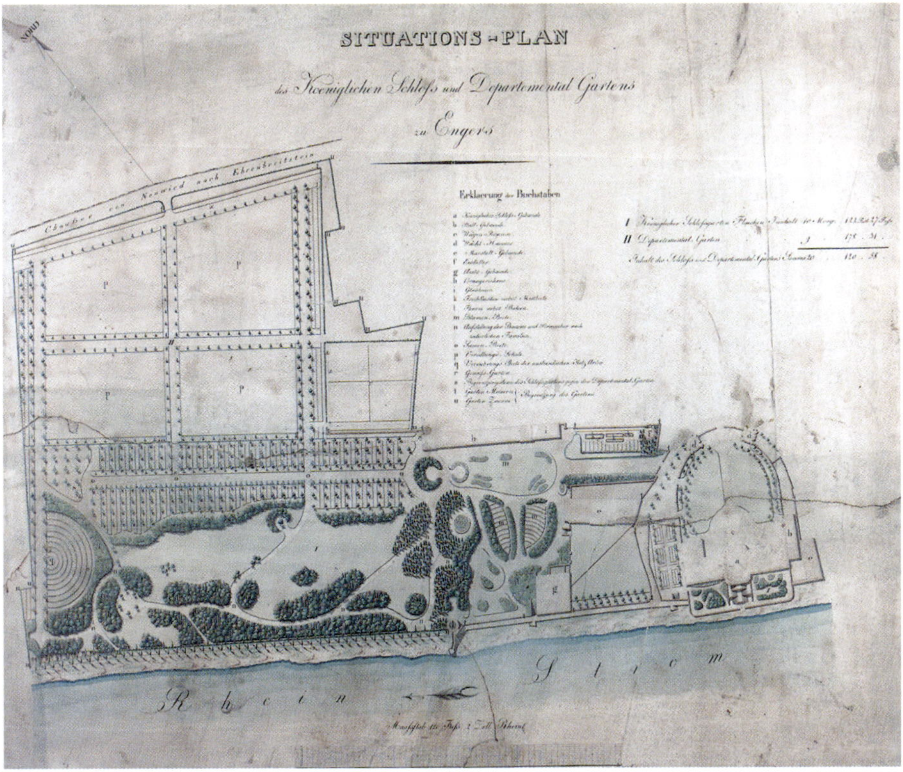

Englischer Park und preussische Baumschule am Schloss. Aquarellierter Plan um 1840 (Wilhelm Augustin Weyhe).

mermeister Homberger über *die im Engerser bau von seinem holtz zu Zeit 3 woch. p. 57 Rtlr. zu verfertigende Treppe.*
1760 dann wurde das in Ehrenbreitstein von der Schlosserin Anna Katharina Unterseher gefertigte schmiedeeiserne Stiegengeländer nach Engers verschifft. Die schmiedeeiserne Umgangsbrüstung der Treppe im Hauptgeschoss verfertigte dagegen wiederum der Schlosser Diemont.
Die reiche Stuckierung, vor allem im Festsaal des Piano Nobile, des ersten Obergeschosses, aber auch in den angrenzenden Räumen, die Johann Philipp als sein Privatappartement einrichten ließ, sowie im Gartensaal des Erdgeschosses, ist ein Werk des Hofstuckateurs Michael Eytel (1730–1797) aus Weißenhorn/Schwaben. Im Frühjahr 1760 schloss Johannes Seiz dann mit den Vergoldern Noel und Simar aus Metz einen Akkord über die Vergoldung des kurfürstlichen „Retirade-Zimmers“. Am 14. Juli 1760 erhielt der Schreiner Sühs für die Verfertigung eines „Ziehrbodens“ und einer Lambris im Audienzzimmer Zahlungen.

Auch die Stuckierung der nicht erhaltenen Schlosskapelle im linken Eckraum der rheinseitigen Zimmerflucht geht auf Michael Eytel zurück. Am 19. Dezember 1760 wurde ihm ein Altar aus *gips-Marmel mit figuren und Vergoldung,* im April die Stuckierung zweier nicht näher bezeichneter Zimmer, am 8. Mai 1761 schließlich die Stuckierung der Kapelle selbst sowie des unteren Speisesaals verdingt. Das Altarblatt der Kapelle mit einer Darstellung des Heiligen Grabes schuf Januarius Zick. In eine der Wände war die Orgel eingelassen.
Zicks Werk sind auch die Fresken des Festsaals aus dem Jahr 1760. Diesen bedeutendsten Beitrag des Malers zur Schlossausstattung erwähnen die Archivalien zweimal: Am 8. Mai 1760 wurde *in beysein des baumeisteren [Johannes] Seiz dem Maler Zick die Mahlerey des blavons des Engerser saals mit 12 schildern ... veraccordirt.*" Kurz darauf, am 24. Juli, *„wurden dem Maler Zick die ferners im Saal zu Engers auf gips in Porcellaine facon Meister und ohn tadelhaft zu mahlende 20 grose und 37 kleine Füllungen zusammen 57 stück überhaupt per 500 Rtlr. und Eine ohm Cavalier wein veraccordiret.* Darüber hinaus malte Zick für Schloss Engers zahlreiche Supraporten.
Der Hofmaler Bernhard Gottfried Manskirsch übernahm die Ausmalung des kurfürstlichen Wohnzimmers und des Schlafzimmers mit Landschaftsdarstellungen. Eine entsprechende Aufgabe oblag dem Maler Nicolas Lauxen im kurfürstlichen Audienzzimmer. Als vierter Maler in Engers ist der nachmalige kurtrierische Hofmaler (seit 1775) und Zick-Schüler Heinrich Foelix (1732–1803) archivalisch gesichert. Foelix lieferte 1760–62 einen Portraitzyklus mit der Jagdsuite des Kurfürsten Johann Philipp von Walderdorff (heute auf Schloss Molsberg).
Nachrichten über die Ausstattung, insbesondere die Möblierung von Schloss Engers fehlen in den Akten fast ganz. Am 2. September 1760 bestellte die Kammer für den Festsaal drei Paar verschieden große Spiegel, für die ihr zuvor von Johannes Seiz die genauen Maße übermittelt worden waren, bei dem kurmainzischen Spiegelhersteller Lind in Frankfurt. Im November 1760 erhielt Abraham Roentgen für die Rahmen von vier Supraporten, sechs Gemälden und vier Spiegeln *„dem Pielthauer Zu gericht mit plinnt rahm"* die geringe Summe von acht Rtlr. Archivalisch gesichert ist auch, daß 1765 zwei Kanapees von Roentgen in das Schloss kamen. Mit ziemlicher Wahrscheinlichkeit sind diese beiden Sitzmöbel identisch mit zwei heute in Privatbesitz befindlichen Kanapees, die von der Roentgen-Forschung zwischen 1762 und 1764 datiert werden (Greber 1980, Bd. 1, S. 76, Bd. 2, Abb. 160–166).

Hoffassade des Schlosses.

Wie alle Schlösser des Trierer Kurfürsten mit Ausnahme der Ehrenbreitsteiner Philippsburg stand auch Engers meistenteils leer; eine im Schloss wohnende Aufsicht sorgte für Sauberkeit und öffnete den Bau durchreisenden Fremden zur Besichtigung – was nicht selten vorgekommen zu sein scheint. Das Schloss wurde hauptsächlich im September für die Jagd genutzt.

Nach dem Tod des Kurfürsten Johann Philipp von Walderdorff 1768 geriet Schloss Engers in zunehmende Verwahrlosung. Auf der Grundlage eines von dem Architekten Johann Andreas Gärtner (1745–1826) erstellten Inventars nutzte man die nicht ortsfeste Ausstattung des Schlosses als Materialfundus für die neuerbaute Koblenzer Residenz. Dorthin gelangten aus Engers vier Spiegel, fünf Parkettböden, achtzehn eiserne Ofentüren sowie vierundzwanzig Türen mit Schnitzereien und Beschlägen.

Zwar inspizierte der französische Architekt François Peyre 1783 auch noch die Gitter der Ehrenhofeinfassung, die man damals auf die vordere Hofmauer des Koblenzer Schlosses translozieren wollte; doch verweigerte der Kurfürst Clemens Wenzeslaus (reg. 1768–1801/03) aus Pietät vor dem Bauherrn von Schloss Engers, seinem Vorgänger auf dem Kurfürstenstuhl, diesem Plan seine Zustimmung. Ebenso wies er den verwegenen Vorschlag des Geheimrats von Hame zurück, die Türen und Fenster von Schloss Engers könnten *in denen Circulargebäuden der neuen Residenz ganz schicklich gebraucht werden.*

Auf Weisung des Reichsdeputationshauptschlusses wurde Schloss Engers 1803 dem Fürsten Friedrich Wilhelm von Nassau-Weilburg zugewiesen. Dieser benutzte das Schloss in den folgenden dreizehn Jahren als Sommerresidenz und ließ es zu diesem Zweck neu ausstatten, wobei man die ursprüngliche Raumaufteilung beibehielt. Allerdings wurde damals in dem Festsaal *die verdorbene Stukateurarbeit auf zweien Seiten bis auf die Mauer herunter geschlagen, und wieder neu gemacht, hernächst der ganze Saal bis an das Gesims weiß und blau ausgefaßt …*
Nach dem Wiener Kongress kam das Schloss 1815 an Preußen, und alle Einrichtungsgegenstände aus nassau-weilburgischer Zeit wurden in das Weilburger Schloss verbracht. 1862 wurde es preußische Kriegsschule für die Unteroffiziers-Ausbildung der Festung Ehrenbreitstein und diente 1870/71 und erneut 1914–18 als Kriegslazarett. 1928 wurde das Schloss an die „Josefs Gesellschaft für Behindertenfürsorge" verkauft, erhielt den Namen „Heinrich-Haus" und diente fortab als Klinik. Bereits im Zusammenhang mit der Umfunktionierung des Schlosses zur Kriegsschule wurden 1862 in den drei je zwei Fensterachsen einnehmenden Räumen der Beletage, die sich westlich an den Festsaal anschließen und im 18. Jahrhundert die Privatgemächer von Johann Philipp beherbergten, die Trennwände herausgeschlagen und so neu hochgezogen, dass nur noch zwei Zimmer mit je drei Achsen vorhanden waren. Besonders die kostbare Stuckierung der Decken dieser Privaträume des Kurfürsten wurde dadurch in Mitleidenschaft gezogen.
Seit Januar 1990 stand der Bau leer und wurde anschließend grundlegend restauriert. Angesichts der großen Einheitlichkeit des in einem Zuge und in kürzester Zeit von einer Künstlergruppe errichteten Schlosses wurden bei der Restaurierung spätere Entstellungen des 19. und 20. Jahrhunderts rückgebaut und der Zustand um 1762 soweit wie möglich wiederhergestellt, wenn noch ausreichend Substanz oder Befunde vorhanden waren.
Das galt vor allem für die Fenster, die ihre Teilung des 18. Jahrhunderts mit breiten Bleiruten und „Goethe-Glas" zurückerhielten, für die teilweise vermauerten Fenstertüren im Mittelrisalit der Hofseite und vor allem in den Hauptgeschossen der Rheinseite, für die Tür- und Fensterbeschläge sowie für die Raumaufteilung dort, wo sie historisch wichtig ist und wo noch wesentliche Substanz des ersten Bauzustandes vorhanden war. Dort, wo die historische Substanz des 18. Jahrhunderts durch spätere Eingriffe vernichtet war, wurde nicht historisierend er-

gänzt, sondern mit den Formen unserer Zeit gestaltet. Das gilt besonders für die Beleuchtung in den vom Rokoko geprägten Räumen.
Seit 1995 beherbergt das Schloss die „Akademie für Kammermusik“ der Villa Musica, Stiftung der Landesregierung Rheinland-Pfalz. Das Innere des Schlosses ist seit April 1998 zur Besichtigung geöffnet.

Der Ehrenhof

Als Einfassung des Ehrenhofs von Schloss Engers tritt ein extrem gelängtes Gitter in gestrecktem Halbkreis vor den Bau. Zwei schlichte Pfeiler-Staketen-Arme ziehen sich in anmutiger Rundung bis zu zwei Torhäuschen über der Grundrissform eines griechischen Kreuzes. In ihnen waren Wachstuben – eine für die Soldaten, die andere für die Offiziere – untergebracht. Die Fassaden der bewegten Baukörper, von deren vier Eckvorsprüngen musizierende Puttenfiguren herabschauen, gliederte Seiz durch Rundbogenfenster und Feldertäfelung. Im 18. Jahrhundert besaßen die Torhäuschen eine reizvolle differenzierte Farbigkeit. Die architektonische Gliederung war lichtgrau gestrichen, die tieferliegenden Felder waren weiß, mit gemalten, an Bändern hängenden Jagdgerätschaften dekoriert. Diese Bemalung weist auf die Funktion von Schloss Engers als Jagdschloss des Kurfürsten hin. Die dekorative Bemalung wurde nicht wiederhergestellt. Darüber erhebt sich ein Mansarddach von ausgesprochen flach ansetzendem Neigungswinkel, der zur Mitte hin jäh aufsteilt. Diese Pavillons umfassen das eigentliche Prunkgitter mit der Hauptdurchfahrt und ihren vier Nebenstücken.

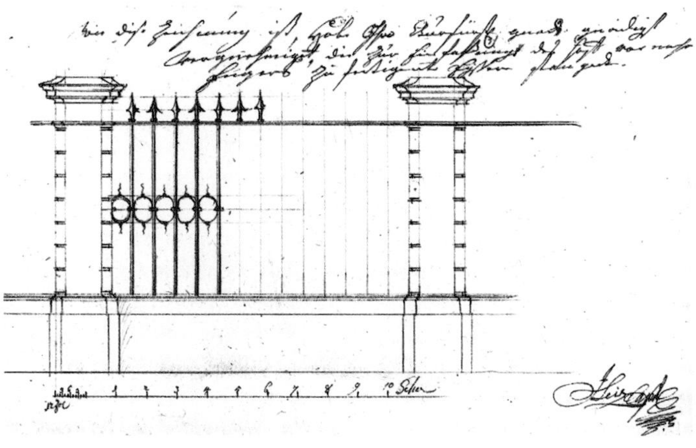

Entwurf für die seitlichen Arme des Hofgitters von Johannes Seitz, 1761.

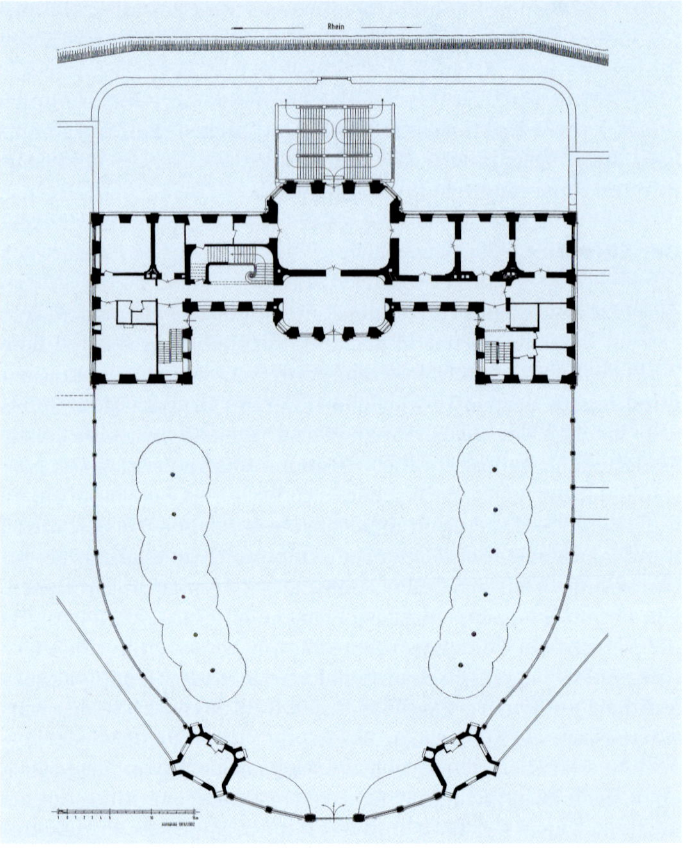

Erdgeschoss des Schlosses und Ehrenhof, Grundriss.

Im Gegensatz zu dem 1738–44 errichteten, im 19. Jahrhundert abgetragenen Ehrenhofgitter der Würzburger Residenz, das arbeitsteilig entworfen wurde, partiell von dem Architekten, dem Schlosser und dem Bildhauer, basiert das Engerser Gitter vollkommen auf der Erfindung von Seiz, wie zwei detaillierte Risse von seiner Hand beweisen, von denen der eine (LHA Ko, Best. 702, Nr. 155) zwar nicht den Aufriss des Prunkgitters selbst, dafür aber den Aufriss seiner beiden flankierenden Nebenstücke gibt, während der zweite erhaltene Gitterentwurf (LHA Ko, Best. 1C, Nr. 3356, S. 177) die Staketenumfassung des Ehrenhofs vom Hauptgebäude bis zu den Wachthäusern zeigt, wozu Seiz in der Planüberschrift noch anmerkt *wie diße Zeichnung ist, habe Ihro Churfürstliche gnad. gnädigst Vergnehmiget, die Zur Einfaßung des hof vor nacher Engers zu fertigente Eyßern stangeden.*

Prunktor im Hofgitter des Schlosses.

Die Einfahrt in den Ehrenhof, gebildet von dem zentralen Intervall des ausgeführten Prunkgitters, wird gerahmt von zwei rustizierten Pfeilern mit Lisenenvorlage und massiv auskragender Abdeckplatte als Basis für gekrönte Löwen. Ein Schild zeigt das kurfürstliche Wappen des Bauherren Johann Philipp von Walderdorff, das andere sein kunstreich verflochtenes Monogramm. Das Abschlussgesims des Gitters führt, unterstützt von einer darunter liegenden Borte, die oberste Rustikafuge der Pfeiler in einer wellenförmigen Linie fort. Das Gitterfeld des Mittelintervalls selbst ist dreigeteilt. In den Nebenkompartimenten steht sich – in spiegelbildlicher Symmetrie – feingliedriges Rankenwerk gegenüber, das an den Enden in volutenförmige Einrollungen mündet. In dem Mittelfeld des Gitters bildet ein konkav-konvexer Gürtel eine horizontale Zäsur. Virtuos imitiert die durchbrochene Bekrönung

Freitreppe zwischen dem Schloss und dem Rheinufer.

des Hauptgitters Ast- und Laubwerk, in das kurfürstliches Monogramm und Kurhut verflochten sind. In bescheidenerer Form wiederholen die mit geringen Abweichungen nach dem Entwurf von Johannes Seiz ausgeführten Nebenstücke des Prunkgitters dieses Gliederungsschema.

Auf der Erfindung von Seiz basieren auch die das Prunkgitter flankierenden Löwen. Ein in der Kunstbibliothek Berlin befindlicher Entwurf des Hofarchitekten zu dem linken Portalpfeiler aus dem Jahr 1761 (Hdz 5793) kommt der späteren Ausführung des Wappenlöwen vom rechten Portalpfeiler (im gegenläufigen Sinne) so nahe, dass diese – oder eine ähnliche, nicht erhaltene – Zeichnung als Vorlageblatt für den Bildhauer Joseph Ignatius Feill anzusehen ist. Dieser Engerser Portalpfeilerentwurf von Seiz adaptiert nahezu wörtlich einen Entwurf für eine Pfeilerbekrönung des Mitteltores im Ehrenhofgitter der Würzburger Residenz, der sich in dem so genannten „Skizzenbuch Balthasar Neumanns“ befindet. Und tatsächlich haben sich zwei Kopien dieser Pfeilerbekrönung vom Würzburger Ehrenhofgitter erhalten, die zusammen mit dem oben erwähnten Entwurf von Seiz 1936 aus der Sammlung von Barton-Stedmann (Vallendar bei Koblenz) in die Kunstbibliothek Berlin gelangten. Möglicherweise hat Johannes Seiz diese Kopien 1738 während seiner Tätigkeit an der Würzburger Residenz angefertigt. Als der kurtrierische Hofarchitekt mehr als zwanzig Jahre später vor der Aufgabe stand, Johann Philipp von Walderdorff für das Ehrenhofgitter des Engerser Schlosses den Plan einer Portalpfeilerbekrönung vorzulegen, griff Seiz auf seine alte Rötelpause zurück, wobei er allerdings die ornamentale Gestaltung der Kartusche modifizierte, die Voluten durch Palmetten ersetzte und der Wappenkartusche im ganzen eine geschmeidigere Form und eine reichere Verzierung gab. Eine unsignierte und undatierte Bleistiftzeichnung zu dem linken Wappenlöwen der Engerser Hofeinfassung (Berlin, Kunstbibliothek, Hdz 6008), in welcher der Löwe ähnlich wie in der Ausführung den Kopf über die Kartusche mit dem Wappen Johann Philipps von Walderdorff neigt und in der dem heraldischen Schild ein Bischof und ein Ritter als Insignien der geistlichen und weltlichen Macht des Erzbischofs und Kurfürsten beigegeben sind, schreibt Schlagberger-Simon ebenfalls Johannes Seiz zu; es ist jedoch nicht auszuschließen, dass der Entwurf von dem ausführenden Bildhauer Joseph Feill stammt.

Der Ehrenhof war bis 1971 mit einem reichen, insgesamt achtunddreißig Stücke umfassenden Skulpturenzyklus aus rotem Sandstein versehen, der von Joseph Feill in den Jahren 1761/62

geschaffen wurde. Das Ensemble umfasste die beiden Wappenlöwen des Portals, vier Vasenarrangements als Pfeilerbekrönungen der Gitternebenstücke, acht ganzfigurige Skulpturen auf den Eckvorsprüngen der beiden Wachthäuschen sowie auf den vierundzwanzig Tuffsteinpfeilern der Ehrenhofeinfriedung ebenso viele Figurenbüsten. Während sich die schildhaltenden Löwen nach erfolgter Restaurierung wieder auf den Torpfeilern befinden, wurden alle anderen Plastiken 1971 aus konservatorischen Gründen ganz abgenommen. Die Torpavillons hatten jeweils vier ganzfigurige Sandsteinplastiken, darstellend eine Allegorie der Jagd mit musizierenden und tanzenden Kindern, die auf den vorgezogenen und mit einer eigenen Dachhaube versehenen Eckpunkten der Pavillons platziert waren. Den rechten Pavillon schmückte auf seinem vorderen, zum Prunktor orientierten Vorsprung ein Querflöte spielender Putto mit Dreispitz auf dem Kopf, während der benachbarte Pavillonrisalit von einem Putto im Jagdrock bekrönt wurde. Auf der zum Schloss hin orientierten Pavillonseite stand rechts ein weiterer Putto, mit über die Schulter gehängtem Jagdhorn und gestützt auf ein Gewehr. Links daneben, mit Bezug auf das Prunkportal, befand sich eine Tänzerin, deren in die Hüften gestemmte Arme zusammen mit der meisterhaft bewegten Draperie den Schwung und die Eleganz des Tanzes wirkungsvoll unterstreichen. Als ihr Pendant an dem gegenüberliegenden linken Torhäuschen fungiert ein prächtig kostümierter Tänzer. Sein Nachbar auf der inwendigen Schlossseite des Pavillons war ein nackter Putto, der eine Schalmei spielt. Schließlich vervollständigte an der Vorderseite des linken Pavillons ein die Trommel schlagender Putto in Uniform und mit Bärenmütze das Konzert.

Die ursprünglich auf den vierundzwanzig Pfeilern der Seitengitter platzierten Figurenbüsten variieren einen Hermentypus, der – etwa im Veitshöchheimer Park – ähnlich auch bei Ferdinand Tietz, dem Lehrer von Feill, vorkommt. Innerhalb des Hermenensembles sind verschiedene Figurengruppen unterscheidbar. Eine Reihe der Figuren mit Büsten von Orientalen und Chinesen lassen sich als Darstellungen der Erdteile interpretieren. Aber auch ein Satyr ist unter den Hermenbüsten vertreten. Hier „treibt eine ganze lebensfrohe Rokokowelt ihr Wesen. Brustbilder von Hofdamen in der Zeittracht mit hohen Coiffuren, zähnefletschenden Leibmohren, Türken mit langen herabhängenden Schnurrbärten, lachenden Hofnarren und allerlei anderem exotischen Gesindel zieren sie in buntem höchst anmutigen Wechsel, die in ihrer verfeinerten Ausbil-

Joseph Feill, Schalmei blasender Putto (links). Sandsteinfigur vom Dach eines der Wachtpavillions (vorläufig im Schloss aufgestellt). Tänzerin (rechts). Gegenstück zu dem schalmeiblasenden Putto (vorläufig im Schloss aufgestellt).

dung nur Porzellanmodellen der Zeit vergleichbar sind" (Karl Lohmeyer). „Diese Büsten Joseph Feills gehören durch den Schmiß der Meißelführung und die vom Graziösen bis zum Grotesken reichende Variation der Physiognomien zu den bemerkenswerten Leistungen der spätesten Barockplastik" (Heinrich Neu/Hans Weigert). Die Skulpturen sind durch Verwitterung schwer gefährdet und wurden deshalb von den Pfeilern abgenommen und in trockenen Räumen sichergestellt. Es ist aber unbedingt erforderlich, dass der Skulpturenzyklus wieder vollständig auf den Ehrenhofpfeilern aufgestellt wird, da er ein prägendes künstlerisches Element des Jagdschlosses ist. Die Restaurierung wird vorbereitet.

Der Außenbau des Schlosses

Die Dreiflügelanlage des Engerser Schlosses besteht aus einem Querriegel mit kurzen, dreiachsigen Seitenannexen. Der fünfachsige, an den Kanten abgerundete Mittelrisalit ist als beherrschender Akzent auf beiden Fassadenseiten reichlich zwei Meter vor die Mauerflucht der Rücklagen gesetzt. Die Gesamtanlage hat eine Spannweite von siebzehn Fensterachsen.
Die Fassadengliederung der Ehrenhoffront ist von Zurückhaltung geprägt. Zwischen den beiden Vollgeschossen und dem Mezzanin verlaufen handbreit vorspringende Gurtgesimse. Die Stichbogenfenster wurden bei der jüngsten Restaurierung in der Form der Bauzeit mit einer Bleirutenverglasung rekonstru-

iert. Der hofseitige Mittelrisalit ist gegliedert durch verkröpfte Mauerlisenen auf schmalen Sockeln, die an den Flanken der geradlinigen Risalitfläche gekuppelt sind. Beim Mittelrisalit wurden Veränderungen des späten 19. Jahrhunderts bei der letzten Restaurierung rückgängig gemacht. Das Erdgeschoss und das erste Obergeschoss erhielten wieder die ursprünglichen großen Fenstertüren, die später zugemauert worden waren und die nach der Wiederherstellung dem Mittelbau einen einladenden und lichten Eindruck geben und den starken Einfluss der französischen Architektur des späten 18. Jahrhundert auf Schloss Engers betonen. Im Zentrum des Risalits dominiert das Portal, gerahmt von schlanken Lisenen, deren oberer Abschluss aus bauchigen, rocaillegeschmückten Voluten besteht. Das darüber verkröpfte Gurtgesims trägt einen flach vor das Hauptgeschossfenster gelegten Balkon mit Sandsteinbrüstung. In der Attikazone wird das Zentrum akzentuiert durch eine große Kartusche mit den Initialen des Kurfürsten und bekrönendem Kurhut, flankierend treten Vasen über den Gesimsköpfen der Lisenen hinzu. Die sparsame Fassadengliederung durch Lisenen wiederholt sich bei den Seitenrisaliten.
Die Außenfarbigkeit des Schlosses nach der Vollendung im 18. Jahrhunderts wurde bei der letzten Restaurierung rekonstruiert. Sie gleicht den Befunden der Eingangspavillons. Von den weißen Putzflächen hebt sich die hellgrau gefasste Gliederung ab. Die Fassade wird bekrönt durch die Skulpturen auf dem Dachgesims, die leuchtend weiß gefasst sind. Ein Mansarddach schließt den Bau ab. Auch hier wurde der Zustand des 18. Jahrhunderts wiederhergestellt. Vor der letzten Restaurierung war das Dach über das Attikagesims gezogen, so dass die Skulpturensockel in die Dachfläche eingetieft waren und geradezu „versackt" wirkten. Nach der Restaurierung stehen sie wieder frei auf dem Gesims.
Gemäß ihrer Funktion als Hauptfassade stellt sich die Rheinseite von Schloss Engers wesentlich reicher dar. Im Zuge der Umfunktionierung zur Klinik war die Rheinfassade von Schloss Engers durch den Anbau zweier Altane verunstaltet worden, die bei der Restaurierung des Schlosses wieder beseitigt wurden. Wegen des zum Rhein hin abschüssigen Terrains hat der Bau hier ein zusätzliches Souterrain. Vor dem Festsaal des Piano Nobile erstreckt sich über drei Achsen hinweg ein konsolengestützter, schmiedeeiserner Balkon mit dem Wappen des Kurfürsten.
In beiden Hauptgeschossen wurden die zuletzt mit Fensterbrüstungen geschlossenen ursprünglichen Fenstertüren

rekonstruiert. Dadurch erhielten die erhaltenen, aber ausgebauten eisernen Brüstungsgitter mit ihren reichen Rokokoformen ihre ursprüngliche Funktion zurück. Die Fenstertüren waren nicht nur auf der Rheinfront, sondern auch in den anschließenden beiden Fensterachsen der Seitenfronten vorhanden. Sie öffnen jetzt – wie zur Bauzeit – die herrschaftlichen Räume des Schlosses weit zur Flusslandschaft. Die Attikazone erfährt gegenüber der Hofseite eine dekorative Steigerung: Beidseits der von Löwen präsentierten Wappenkartusche umgreifen Putten die mächtigen Dachvasen.

Die Topographie des hart an den Rhein grenzenden Schlosses bot die Möglichkeit zur Anlage einer aufwändigen, ursprünglich mit Statuengruppen besetzten Freitreppe, deren Funktion heute leider nicht mehr anschaulich nachvollzogen werden kann. Die beiden untersten, zum Rhein führenden Läufe wurden bereits im frühen 19. Jahrhundert entfernt und die Freitreppe zudem 1928 durch Anlegung einer Rheinpromenade und die damit verbundene Niveauanhebung des kleinen Gartens vor der Schlossfassade zusätzlich vom Ufer abgeschnitten, so dass die rundbogige Wandnische hinter dem ursprünglichen Antritt der Treppe jetzt bis zur Kämpferlinie im Boden steckt. So fehlt heute der unterste Abschnitt der Freitreppe, die im 18. Jahrhundert von einem gemeinsamen Antritt mit zwei weiteren Läufen zu den ersten Wendepodesten führte, die jetzt den Antritt der Treppe markieren. Bei der Teilabtragung der Mauer zur Rheinpromenade wurden im Fundament Skulpturenreste aus Sandstein gefunden. Bruchstücke eines Jägers, eines Hundes und von Jagdwild sind Reste der Skulpturengruppen, die ursprünglich auf den Brüstungspfeilern der Wassertreppe saßen und die in den kurfürstlichen Rechnungen erwähnt werden. Sie bildeten einst ein steinernes Empfangskomitee für die Gäste des Kurfürsten, die von der Rheinyacht zum Schloss emporstiegen. Am Fuß der in den Gartensaal führenden zweiarmigen Freitreppe befand sich eine Anlegestelle für die Yachten des Kurfürsten, der von seinen Residenzen in Ehrenbreitstein und Trier das Lustschloss Engers am bequemsten auf dem Wasserweg erreichen konnte. Auch hochgestellte Gäste wie etwa der Kölner Kurfürst und Erzbischof Clemens August, die Johann Philipp von Walderdorff in Engers einen Besuch abstatteten, reisten zumeist mit dem Schiff an.

Das Innere

Die Innenraumdisposition des ausgeführten Baus vermeidet die in der Vorplanung zutage tretende etwas schematische Parzellierung der Enfilade des Corps de Logis. In harmonischer Proportionierung staffelt Seiz das rechteckige Vestibül und den gestreckt quadratischen Gartensaal hintereinander. Beide Räume haben abgerundete Ecken. Die bereits von den Vorentwürfen bekannte einbündige Raumaufteilung des Corps de Logis mit Korridoren auf der Hofseite wird beibehalten.

Das Vestibül öffnet sich durch das Eingangsportal und die seitlich fast bodentiefen Fenstertüren weit zum Ehrenhof. Seine Ausstattung ist zurückhaltend. Der Basaltplattenboden stammt noch aus der Bauzeit. Die Decke des Raumes ist zurückhaltend stuckiert mit C-Schwüngen und Ranken in der Kehle. Die Farbigkeit mit grauen Sockeln, grauen Fenstereinfassungen und lichtgrüner Deckenkehle entspricht der Bauzeit.

Im Erdgeschoss des Corps de Logis schließen rechts an den Gartensaal drei quadratische Räume an, links hinter der Trennwand des Treppenbaues zwei kleinere Kabinette, ein Vorzimmer und ein ebenfalls quadratischer Eckraum. Von den Seitenflügeln aus führt jeweils eine Nebentreppe in das erste Obergeschoss. Der Korridor des Corps de Logis mündete im linken Seitenflügel ursprünglich in ein quadratisches Vestibül – heute durch neue Trennwände verkleinert – das vier Zimmer, darunter im vordersten Raum des Seitenflügels die Küche, erschloss.

Gartensaal im Erdgeschoss des Schlosses.

Der Gartensaal hat ursprünglich zugleich die Funktion eines Empfangsraumes. Seine Mitteltür öffnete sich zur Wassertreppe der Rheinfront, so dass hier der Kurfürst oder andere mit der Lustyacht angereiste Staatsgäste empfangen wurden. Die fünf zum Rhein gerichteten Fenstertüren schaffen eine enge optische Verbindung zum weiten Flusstal und lassen eine Fülle von Licht in den Raum fließen. An der Innenwand sind die beiden Ofennischen mit Gehängen von Musikinstrumenten stuckiert. Die rekonstruierte ursprüngliche Farbigkeit des Stucks wirkt extrem zart mit rosa und grünen Flächen und weiß abgesetztem Stuck. Die Flügeltüren und die Wandpaneele waren im Kontrast zu dieser zarten Farbigkeit mit einem kräftigen Moosgrün gestrichen. Blumenarrangements füllten die Innenflächen; mit den Ornamentmalereien im Schloss Engers waren Bernhard Gottfried Manskirsch und Nicolaus Lauxen beauftragt. Diese Malereien sind unter mehreren Überstrichen gut erhalten Eine Türfüllung und ein Paneel wurden im Vorgriff auf eine Gesamtfreilegung bereits sichtbar gemacht.

An den Wänden des Gartensaals geben annähernd originalgroße fotografische Reproduktionen einen Gemäldezyklus wieder, der für den Festsaal geschaffen wurde. Der Kurfürst beauftragte den Ehrenbreitsteiner Maler Heinrich Foelix (1732–1803) mit einem sechsteiligen Zyklus von Leinwandgemälden, die den Kurfürsten und seinen engeren Hofstaat auf der Jagd darstellen. Die Gemälde, die 1760–62 entstanden, waren für die Wandflächen im Festsaal bestimmt, die heute mit Spiegeln verkleidet sind. Die Gemäldefolge befindet sich heute auf Schloss Molsberg. Die höfische Gesellschaft ist annähernd in Lebensgröße in kleinen Gruppen wiedergegeben. Der Kurfürst wird nur dezent durch seine dominierende Haltung und die goldenen Tressen am Jagdrock von den Jagdgefährten in schlichtem Jagdkostüm hervorgehoben. Auf dem Originalrahmen in Schloss Molsberg sind die Namen der dargestellten Mitglieder der Jagdgesellschaft wiedergegeben. Der Oberstallmeister Ludwig Boos von Waldeck, ebenfalls dargestellt, beschreibt den Kurfürsten als unvergleichlichen Schützen. Er pflegte das Wild auch aus der fahrenden Kutsche zu schießen. Bemerkenswert an dem Gemäldezyklus ist der Übergang vom repräsentativen herrschaftlichen Jagdbild des Barocks mit dem fliehenden Wild und den verfolgenden Jägern zu Gruppenportraits, die in die Natur eingebunden sind.

Tür im Gartensaal mit freigelegter Bemalung der Bauzeit.

Die Haupttreppe

Die einarmige, durch ein Ruhepodest noch gestreckte Hauptstiege über rechteckigem Grundriss hat ihren Antritt links von der Wand der Hauptraumfolge aus Vestibül und Gartensaal und verläuft auf der Treppenlängsseite entlang einer schmalen, parallel zur Front hochgezogenen Mauer. Die Treppe wird von sechs Fenstern erhellt. Gemächlich steigen die vier in der Zone der Wendepodeste gekrümmten Läufe in den Korridor des ersten Obergeschosses, linkerhand begleitet von einem kunstvollen schmiedeeisernen Gitter mit schmal-breit-alternierender Felderteilung. Das Gitter im Obergeschoss

Stuckierte Ofennische.

vor dem Zugang zu den repräsentativen Räumen ist überreich von mehrschichtigen Rocailleornamenten umspielt. Diese elegante Schmiedearbeit fertigte der Schlosser Diemont aus Engers, der auch an den Gittern des Schlossvorhofs beteiligt war. Im Auge des Treppenhauses steht ein Beispiel zeitgenössischer Kunst: Das Musikantenquartett aus dem Figurenensemble Orchestra Sans Musica. Es wurde geschaffen von dem rumänischen Künstler Dorél Dobocan (1991). Seine lebensgroßen Musikantenfiguren stehen auch in anderen Räumen des Schlosses.

Der Wand- und Deckenstuck des Treppenhauses wird in Eleganz und Reichtum gesteigert als Vorbereitung auf die repräsentativen Räume im ersten Obergeschoss. An den Wänden greifen die stuckierten Arrangements von Jagdgerätschaften und Ranken (Sauspieß, Hirschfänger, Flinte, Jagdhorn, Pfeile) das Thema des Jagdschlosses auf; die Stuckierung umfasst nicht nur Decke und Wände, sondern ist auch auf die Fensternischen ausgedehnt. Die Farbgebung ist äußerst delikat: Die Deckenkehle ist zartrosa gegen die lichtgrauen Stuckornamente und den weißen Deckenspiegel abgesetzt. Reich geschwungene Stuckkartuschen beleben die Decke und die Fensternischen. Die vergoldeten Türbeschläge zeigen im Vergleich zu den verzinnten Beschlägen des Erdgeschosses bereits eine gesteigerte Festlichkeit.

Das Obergeschoss

Die Raumdisposition des Erdgeschosses wiederholt sich nahezu unverändert im Obergeschoss, wo dem zur Rheinseite blickenden Festsaal ein Vestibül vorgesetzt ist. Auf der rheinseitigen Enfilade liegen rechts vom Festsaal die Privatzimmer des Kurfürsten, wobei der Eckraum das Schlafzimmer Johann Philipps war. Das gegenüberliegende südöstliche Eckzimmer nahm die heute vollständig zerstörte Kapelle auf. Von dieser wissen wir aus den Rechnungen, dass Januarius Zick das Altarblatt, eine Auferstehung Christi, malte und dass sie eine Orgel besaß. Der

Haupttreppe, Treppenantritt im Erdgeschoss.

Altar aus rotem Stuckmarmor mit vollplastischen Stuckfiguren war ein Werk des Hofstuckateurs Michael Eytel.

Das Vestibül des Festsaals

Der Vorraum zum Festsaal hat wie das Vestibül des Erdgeschosses die Form eines Rechtecks mit gerundeten Ecken. Durch fünf große, zum Ehrenhof gerichtete Fenstertüren wirkt er festlich und licht – eine Vorbereitung auf die Pracht des Festsaals. Die Fenstertüren rechts und links der mittleren Balkontür wurden bei der letzten Restaurierung nach Befund rekonstruiert. Die Stuckgehänge an den Wänden stimmen mit Musikinstrumenten und Ranken auf den Festsaal ein. Auch die rekonstruierte zarte Farbigkeit des Stucks wird reicher: Zartrosa Stuckornamente sind gegen das blasse Rosa der Deckenkehle und der Kartuschen sowie gegen das Weiß des Deckenspiegels gesetzt.

Der Festsaal

Der zentrale Festsaal von Schloss Engers – nach dem Hauptthema des Deckenfreskos Diana-Saal genannt – ist ein Höhepunkt weltlicher Innenraumgestaltung in Deutschland am

Ende des Rokoko. Zudem ist er der einzige erhaltene seiner Art in Rheinland-Pfalz, nach dem die Festsäle in den kurfürstlichen Residenzen von Mainz, Koblenz und Trier im 2. Weltkrieg zerstört wurden. Die Ausmalung des Saales ist ein Hauptwerk von Januarius Zick (1730–1797), der letzten großen Malerpersönlichkeit des 18. Jahrhunderts in Süddeutschland, die noch die gesamte Spannweite vom Genrebild bis zur vollständigen malerischen Raumgestaltung beherrschte. Zum letzten Mal vor dem Stilwandel zum Klassizismus und vor den politischen Umwälzungen der französischen Revolution leuchtet der Glanz und die Festlichkeit des süddeutschen Rokoko im Zusammenwirken des Malers Zick mit dem Architekten Seiz und dem Stuckateur Eytel auf.

Der Festsaal nimmt auf der Rheinseite des Schlosses das Mittelrisalit des Obergeschosses und des darüber liegenden Mezzanin ein. Die Wände sind bis zum Ansatz der Deckenkehle mit Stuckmarmor verkleidet. Darüber spannen sich die farbensatten Fresken des Januarius Zick. Die Ausmalung muss in extrem kurzer Zeit erfolgt sein, da der Maler am 8. Mai 1760

Vestibül vor dem Festsaal im Obergeschoss.

mit dem Deckenfresko beauftragt wurde und bereits am 12. August 1760 seine Bezahlung erhielt. Mit den skizzenhaften Szenen auf dem Stuckmarmor wurde Zick am 28. Juli 1760 beauftragt; die Bezahlung erfolgte bereits am 29. September des gleichen Jahres. Diese enorme Arbeitsleistung ist nur durch die Beteiligung einer großen und gut organisierten Werkstatt erklärbar.
Der Enkel des Malers, der akademische Maler Gustav Zick führte 1845 eine umfangreiche Restaurierung durch. Dabei wurden die monochromen Malereien auf den Stuckmarmorflächen teilweise verändert. Eine erste eingreifende Übermalung war bereits 1803 erfolgt. Eine letzte Restaurierung der Deckenfresken wurde 1958 zur Beseitigung von Kriegsschäden durchgeführt. Eine neuerliche Restaurierung des Diana-Saals wird vorbereitet.
Dem Festsaal von Schloss Engers liegt ein Entwurf von Johannes Seiz zugrunde, den das Landeshauptarchiv Koblenz bewahrt (LHA Ko, Best. 702, Nr. 2301). Dem zehnteiligen Nischen-Wandfeld-Rhythmus der Rheinseite des Festsaals korrespondiert an der gegenüberliegenden Wand die breite Eingangstür, rechts wie links flankiert von großzügig bemessenen, durch zwei schmale Stuckfeldern gerahmten, spiegelverkleideten Wandfeldern. Auch die Türen zu den seitlich angrenzenden Räumlichkeiten werden von Wandspiegeln begleitet. Sie wurden erst 1907 aufgrund einer Stiftung des Oberstleutnants von Branconi und ehemaliger Kadetten angebracht. An ihrer Stelle befanden sich im 18. Jahrhundert die erwähnten sechs Gemälde des Malers Heinrich Foelix, die den Bauherrn und seinen Hofstaat als Jagdgesellschaft zeigen.
Wie auf der Zeichnung von Seiz angegeben, umgürtet das Gesimsband in beschwingter Arabeske den Prunksaal. Die aufsitzende Mezzaninvertäfelung mit Stuckfeldern in alternierender Reihung – von Januarius Zick mit Watteauszenen *auf gips in Porcelaine fason* geschmückt – nimmt in ihrem Format Bezug auf die darunter liegende Wandgliederung und setzt sich in den Hauptvertikalachsen bis in die Kehle mit Stuckagraffen fort.
In den vier zum Rhein gerichteten Freskenfeldern der Deckenlunetten stellt Januarius Zick das Reich Neptuns, Fischer und Fischerin, Neptun auf seinen Meerrössern, einen Muschelhorn blasenden Triton und eine Nereide sowie ein das Netz einziehender Fischer vor. Thematisch korrespondieren dazu auf der Hofseite des Festsaals die vier Fresken mit bukolischen Szenen; Hirte mit Hund und Schalmei, Gott Pan mit Rindern, ein Faun

Festsaal mit der Ausmalung des Januarius Zick.

Ofennische im Festsaal.

mit einer Hirtin tändelnd und schließlich eine Hirtin mit Schaf. Verbunden sind sie durch die beiden Freskenfelder auf den Schmalseiten, die die Frühlingsgöttin Flora und eine Gartenszene sowie die Erntegöttin Pomona und die Obsternte darstellen. Der gesamte Themenkreis ist auf die Lage des Jagdschlosses bezogen mit seiner Ausrichtung auf den Fluss und auf die im 18. Jahrhundert noch ländliche Umgebung.
Die Szenen sind aber nicht nur genrehaft erzählend, es tritt das ganze Volk der Götter und Halbgötter aus der antiken Mythologie auf, die in der ländlichen Welt zuhause sind.
Das weiträumig locker komponierte Fresko des Deckenspiegels zeigt den Triumph der Jagdgöttin Diana und des Weingot-

Caspar Scheuren, Festsaal von Schloss Engers, Aquarell vom 12. August 1853.

tes Bacchus. Man tritt dem Bauherrn, Kurfürst und Erzbischof Johann Philipp von Walderdorff sicher nicht zu nahe, wenn man auch hier auf seine Vorlieben für Jagd und Wein hinweist. In der zentralen Szene ruht die Jagdgöttin Diana auf einer Wolkenbank, neben ihr in vertrauter Nähe ein Hirsch und zwei Nymphen ihres Gefolges. Die sich vom Betrachter abwendende weibliche Gestalt mit über dem Leib gekreuzten Arm und schuldbewusster Körperhaltung ist die Nymphe Kallisto, die von Diana wegen ihrer Verführung durch Zeuss verstoßen wird.
Der Weingott Bacchus, in der Farbkomposition vom gelblichen Wolkenhimmel fast aufgesogen, thront aber bezeichnenderweise mit seinem Weinfass und einem Weinbrunnen mit weißer und roter Fontäne über der Göttin der Jagd im Zentrum des Deckenfreskos. Eine versteckte Selbstironie des Bauherren.
Das Stuckprofil um den Deckenspiegel ist zugleich die irdische Ebene unter dem Götterhimmel. Ein Arrangement aus Jagdbeute, Jagdgeräten und Hunden auf einem altarähnlichen Steinpodest ist auf die Jagdgöttin Diana bezogen. Die Bacchus zuzuordnende Gruppe aus Satyrn und Bacchantinnen ist in der Komposition dominanter und feiert ausgelassen den Gott des Weines.
Auf der linken Seite entspricht ihnen eine Gruppe von zwei weinseligen Satyrn, die sich in einem Stellnetz für die Jagd verfangen haben.
Die Deckenfresken des Festsaals sind auf das einfache Leben der Fischer, Hirten, Gärtner und Jäger bezogen, beziehen aber

eine antike Götterwelt ein, die heiter und derb ohne den Pomp barocker Herscherverherrlichungen auftritt.
Die mit Stuckmarmor bedeckten Wandfelder zeigen in Grün und Sepiabraun skizzenhafte einfarbige Szenen. Ländliche Themen werden hier fortgesetzt, jedoch ohne ein zusammenfassendes Konzept. Die Ausnahme sind zwei Szenen aus der Mythologie des Sonnengottes Apoll: Apoll mit seinem toten Geliebten Hyakinthos sowie eine Szene mit Apoll und einer Hirtin.
Die Malereien der Stuckmarmorfelder wurden leider 1845 durch Gustav Zick und zum Teil bereits im frühen 19. Jahrhundert stark übermalt und teilweise vollständig erneuert, so dass die malerische Anschrift von Januarius Zick verloren gegangen ist. Möglicherweise ist ein ursprüngliches Themenprogramm heute nicht mehr erkennbar.
Supraporten als Abschlüsse der drei Saaltüren ergänzen die Ausstattung. Die im 2. Weltkrieg leider beschädigten Leinwandgemälde greifen das Bacchus-Thema des Deckengemäldes auf. Die Supraporte über dem Vestibüleingang zeigt vor einer antiken Pyramide eine gelagerte Bacchantin mit zwei Satyrn, weintrinkend. Über der Flügeltür zu den kurfürstlichen Privatzimmern tanzt vor einem antiken Vasenmonument ein

Festsaal, Wandgliederung gegenüber der Fensterfront.

Festsaal,
Gesamtansicht
des Deckengemäldes.

bocksbeiniger Faun mit einer Bacchantin, während andere mit Zymbeln und Triangeln musizieren. Der Triumphzug des Bacchus auf seinem von Panthern gezogene Wagen ist das Thema der Supraporte über der Tür zum Rosenkabinett. Die prachtvollen, reich geschnitzten und vergoldeten Rahmen wurden im November 1760 von Abraham Röntgen aus Neuwied geliefert, also von der bedeutendsten Möbelmanufaktur des mittleren 18. Jahrhunderts in Westdeutschland. Die durch Archivalien belegten Lieferungen der Röntgenwerkstatt, auch nachdem der Sohn David die Nachfolge angetreten hatte, zeigen, dass die Ausstattung des Schlosses in Engers auf dem höchsten Niveau erfolgt.

Bei der unteren Wandgliederung des Engerser Festsaals orientierte sich Johannes Seiz an den von Germain Boffrand entworfenen ovalen „Salon de la Princesse“ (1738–1740) in dem Pariser „Hôtel de Soubise“. Die Dekoration des Saals wurde 1745 in Boffrands „Livre d'architecture“ veröffentlicht. Mit Boffrands Werk stand Seiz auf vertrautem Fuß, da der französische Architekt dem fränkischen Kunstkreis um Balthasar Neumann eng verbunden war.

Für die Gesamterscheinung des Saals ist neben dem Beitrag Zicks vor allem die reiche Stuckierung Michael Eytels maßgebend. Die Farbigkeit des Stucks in der heutigen Erscheinung

Festsaal, Lünettengemälde, Faun und Hirtenmädchen (links), Triton und Nereide als Symbole des Wassers (rechts).

entspricht nicht mehr dem ursprünglichen Zustand. Eine Probefläche in der Südwestecke zeigt den ursprünglichen Zustand von 1762. Über dem ockerfarbenen Hauptgesims liegen die grünweißen Stuckornamente auf grünen Putzfeldern. Die zarte und kühle Farbigkeit wirkt wie Biskuitporzellan und entspricht den unteren Wandfeldern in poliertem Stuck. Die Fresken der Decke boten dazu einen starken Gegensatz. Dieser Zustand soll im nächsten Abschnitt der Schlossrestaurierung wiederhergestellt werden.

Das Rosenkabinett

Östlich an den Festsaal schließt ein kleiner Raum an, der durch die Lage des benachbarten Haupttreppenhauses lediglich einen flurartigen Zuschnitt hat: das sogenannte Rosenkabinett. Während der kurzzeitigen Nutzung des Schlosses als Sommerresidenz der Fürsten von Nassau-Weilburg (1803–15) wurde der Raum als Silberkammer bezeichnet. Er diente als Serviceraum für Banketts im Diana-Saal. Der Raum besitzt die feinste Stuckierung des Schlosses, ebenfalls ein Werk des Hofstuckateurs Michael Eytel. Der Zustand um 1762 ist weitgehend erhalten, nur die rückwärtige Schmalseite erhielt um 1862 eine breitere Tür als ursprünglich. Die Stuckgliederung musste angepasst werden. Als oberer Abschluss der Schmalseitenstuckierung wölbt sich der Stuck mit vollplastischen Engelsköpfen auf Stuckwolken baldachinartig aus der Wandfläche. Von Blütenranken umschlungene Stäbe gliedern die Wandflächen. Die Felder gegenüber der Fensterseite sind mit Gehängen aus Blüten und sakralen Geräten gefüllt (Leuchter, Abendmahlsgerätschaften, Krummstab und Mitra, Weihwasserkessel und -wedel. Dieser kleine Raum ist heute der einzige im Schloss, dessen Dekoration auf den geistlichen Status des Bauherrn Bezug nimmt.

Festsaal, Supraporte über der Tür zur Kurfürstensuite. Bacchantin und Faun tanzend (links), Supraporte über der Tür zum Rosenkabinett, Triumphzug des Bacchus auf seinem Pantherwagen (rechts).

Die Farbigkeit des Stucks wurde entsprechend dem Befund der Entstehungszeit rekonstruiert: die Flächen und die Deckenkehle in rosa, hellgrün und crèmeweiß. Das Blüten- und Rankenwerk zeigt eine zarte, an Porzellanmalerei erinnernde Buntheit. Die Tür zum Festsaal ist mit großen fantastischen Ornamenten dekoriert, die erst bei der letzten Restaurierung unter mehreren Anstrichschichten freigelegt wurden. Die gleiche Dekoration auf den Vertäfelungen ist bei späteren Neuanstrichen bis auf Spuren zerstört worden.

Der kleine Raum, dessen Dekoration auf das geistliche Amt des Bauherrn hinweist, diente als Verbindungsraum vom Festsaal und von den Privaträumen des Kurfürsten zu einem Vorraum der Schlosskapelle, der als Sakristei gedient haben wird.

Rosenkabinett, rückwärtige Schmalseite. Stuck über der Tür zur ehemaligen Kapelle.

Enfilade der Räume des Kurfürsten vom Schlafzimmer bis zum Festsaal.

Die Räume des Kurfürsten

Die Folge der Privaträume des Bauherrn schloss unmittelbar westlich an den Festsaal an. Trotz Veränderungen beim Umbau zur Kriegsschule in der Mitte des 19. Jahrhunderts haben die Räume durch den eleganten Deckenstuck viel vom Zauber des späten Rokoko bewahrt.
Ursprünglich bestand das Appartement des Kurfürsten aus drei gleich großen quadratischen Räumen, die sich mit jeweils zwei Fenstertüren zum Rhein öffneten. Sie sind in Enfilade angelegt, d.h., die Flügeltüren liegen vom Festsaal bis zum Eckzimmer in einer Folge, so dass sich ein repräsentativer Durchblick ergibt. Beim Umbau zur Kriegsschule wurde der Mittelraum geteilt und die Hälften jeweils mit großen Bogenöffnungen den seitlichen Räumen angeschlossen. Die Enfilade des Appartements wurde bei der letzten Restaurierung wiederherstellt. Die Tei-

lung des mittleren Raumes musste aber beibehalten werden, da der Deckenstuck des 18. Jahrhunderts der mittleren Trennwand angepasst wurde. Die Raumfolge bestand aus dem Audienzzimmer, dem Wohnzimmer und dem Schlafzimmer des Kurfürsten. Rückwärtig, in Verlängerung des Flures, schloss sich ein Ankleidekabinett an.

Das Audienzzimmer

Der quadratische Raum schließt unmittelbar an den Festsaal an. Sein sehr fein ausgeführter Stuck von der Hand Michael Eytels zeigt wieder die rekonstruierte zarte Farbigkeit des 18. Jahrhunderts mit grüner Deckenkehle und weißem Stuck. Die Schwünge der Kartuschen schließen an den Seiten jeweils eine weibliche Büste ein, die als Personifikation der Jahreszeiten gekennzeichnet ist. Auf den Rokokoranken tummeln sich fantastische Vögel. Die etwas plumpe Stuckierung über den Türen dagegen ist eine Zutat des 19. Jahrhunderts.

Der Raum ist mit einer Serie von großen repräsentativen Portraits der Kurfürsten und Erzbischöfe von Trier ausgestattet,

Audienzzimmer der Kurfürstenwohnung mit Blick zum Rhein. An den Wänden Portraits der Trierer Kurfürsten.

die sich in den anschließenden beiden Räumen fortsetzt. Die Gemäldeserie beginnt mit dem Erzbischof Richard von Greiffenclau zu Vollrads (reg. 1511–31). Das Portrait seines Nachfolgers Johann von Metzenhausen fehlt, aber dann ist die Gemäldefolge bis zum letzten Erzbischof und Kurfürsten Clemens Wenzeslaus von Sachsen (reg. 1768–1801/3) vollständig. Die 15 Ölgemälde wurden vom Erzbischof Johann Hugo von Orsbeck (reg. 1676–1711) für das Residenzschloss Philippsburg in Ehrenbreitstein in Auftrag gegeben und von seinen Amtsnachfolgern fortgesetzt. Sie hingen als eine geistliche „Ahnengalerie" im Speisesaal der Philippsburg. Soweit möglich, griffen die Maler auf Kupferstiche und ältere Portraits zurück, teilweise wurden Phantasieportraits angefertigt. Erst die Portraits des 18. Jahrhundert sind entsprechend dem individuellen Repräsentationsbedürfnis der Herrscher ausgeführt. Auf den meisten Gemälden können die Dargestellten durch ihr Wappen identifiziert werden. Nach dem Abbruch der Philippsburg wurde die Gemäldefolge magaziniert und 1868 der Ausstattung des Koblenzer Stadtschlosses eingefügt.

Audienzzimmer, Stuck in den Fensternischen.

Die Serie war in schlechtem Zustand. Zwei Portraits (Richard von Greiffenclau und Franz Georg von Schönborn) wurden 1868 von Gustav Zick im Auftrag der Königin Augusta von Preußen kopiert. Nach schwerer Beschädigung im 2. Weltkrieg und nach Restaurierung 1997 fanden die Gemälde einen angemessenen Platz im Schloss Engers.

Im Audienzzimmer hängen die Kurfürstenportraits des 16. und frühen 17. Jahrhunderts (Richard von Greiffenclau, reg. 1511–31; Johann Ludwig von Hagen zur Mollen, reg. 1540–47, Johann von Isenburg, reg. 1547–56; Johann von der Leyen, reg. 1556–67; Jakob von Elz, reg. 1567–81; Johann von Schönberg, reg. 1581–99; Lothar von Metternich, reg. 1599–1623). Die Kurfürsten entstammten ausnahmslos adligen Familien des Rhein- und Moselgebiets. Durch Übernahme einer Domherrenstelle im Erzbistum Trier und durch die Wahl zum Erzbischof und Kurfürsten konnten Mitglieder dieser Familien in den Kreis der höchsten Reichsfürsten aufrücken. Die Schönborn zum Beispiel nahmen im 17. und 18. Jahrhundert über 100 Jahre lang

Deckenstuck in einem Kabinett der Kurfürstenwohnung (ursprünglich die Hälfte des kurfürstlichen Wohnzimmers).

eine politisch bedeutende Position als geistliche Fürsten ein. Die Folge der Kurfürstenportraits zeigt aber auch, dass vor allem im 18. Jahrhundert regional fremde Herrscherhäuser ihre jüngeren Söhne im geistlichen Stand Karriere machen ließen und auf die politisch und wirtschaftlich wichtigen Kurfürstenthrone brachten.

Westliches Kabinett der Kurfürstenwohnung mit Kurfürstenportraits des 18. Jahrhunderts.

Franz Krebsbach,
Portrait des Kurfürsten
Franz Ludwig von
Pfalz-Neuburg, 1728.

Die mittleren Kabinette

Beide Räume entstanden im 19. Jahrhundert durch die Unterteilung des kurfürstlichen Wohnzimmers. Im ersten Raum ist der Rest des ursprünglichen Parkettbodens (um 1760) sichtbar. Er was bis zur Restaurierung von einem späteren Boden überdeckt. Das so genannte „Versailler Tafelparkett“ war im 18. Jahrhundert in Schlössern sehr beliebt. Es wurde in einzelnen quadratischen oder rautenförmigen Tafeln mit einer Rahmung aus Eichenholzstreifen hergestellt und diagonal verlegt, so dass ein Rautenmuster entstand.

Die Folge der barocken Kurfürstenportraits wird fortgesetzt durch Philipp Christoph von Soetern (reg. 1623–1652), Karl Caspar von der Leyen (reg. 1652–1676), Johann Hugo von Orsbeck (reg. 1676–1711) und Carl Joseph von Lothringen (reg. 1711–1715). Philipp Christoph von Soetern ist vor dem Hintergrund der von ihm erbauten kurfürstlichen Residenz Philippsburg und der Festung Ehrenbreitstein dargestellt. Bemerkenswert sind die gewaltigen befestigten Kaianlagen am Rheinufer. Johann Hugo von Orsbeck ist der Auftraggeber der repräsentativen Portraitserie. Das Bildnis seines Nachfolgers Carl Joseph von Lothringen zeichnet sich durch die Sicherheit der Komposition sowie durch die elegante höfische Haltung und den etwas hochmütigen Gesichtsausdruck aus. Der Kurfürst war ein Neffe Kaiser Leopolds I.. Sein Portrait ist geprägt durch die

Portrait des Kurfürsten Johann Philipp von Walderdorff (Bauherr des Schlosses).

Eleganz der Wiener Hofkunst am Anfang des 18. Jahrhunderts. Der grün und rosa gefasste Stuck mit den grotesken, Wasserfontänen speienden Vögeln zeugt wiederum von der künstlerischen Phantasie des Stuckateurs Michael Eytel.

Der anschließende kleine Raum entspricht in der Gestaltung dem vorangehenden. Die Portraitfolge der Kurfürsten endet hier mit den Bildnissen des Franz Ludwig von Pfalz-Neuburg (reg. 1716–1729), Franz Georg von Schönborn (reg. 1729–1756), Johann Philipp von Walderdorff (reg. 1756–1768), und Clemens Wenzeslaus von Sachsen (reg. 1768–1801/3). Zwei Gemälde sind durch besondere malerische Qualität hervorgehoben. Das Bildnis des Franz Ludwig von Pfalz-Neuburg wurde 1728, ein Jahr vor seinem Tod, von dem kurpfälzer Hofmaler Franz Krebsbach gemalt. Das Gemälde ist ein Musterbeispiel des hochbarocken Fürstenportraits mit der dazugehörigen Inszenierung mit Säulen und wallenden Stoffdraperien im Hintergrund.

Das Bildnis des letzten Trierer Kurfürsten Clemens Wenzeslaus von Sachsen ist im Format bescheidener. Es wurde nach alter Überlieferung von Johann Friedrich August Tischbein geschaffen. Der „Leipziger Tischbein“ war einer der bedeutendsten deutschen Portraitmaler im ausgehenden 18. Jahrhundert. Trotz des unverzichtbaren Prunks bei der Inszenierung des repräsentativen Herrscherbildnisses lässt das Gemälde die intensive Beschäftigung des Malers mit der Physiognomie des jugendlichen Kurfürsten erkennen.

Das Schlafzimmer des Kurfürsten und dessen Mobiliar

Das ehemalige Schlafzimmer des kurfürstlichen Appartements liegt in der Südwestecke des Schlosses. Mit vier Fenstertüren nach Süden und Westen ist es ein lichtdurchfluteter Raum. Die Ausstattung der Walderdorff-Zeit ist auch hier nicht erhalten. Sie war aber aufwendig; 1760 beauftragte der Architekt Seiz zwei Vergolder aus Metz mit den Dekorationsarbeiten. Die Grundrisse des Schlosses von 1835 und 1861 zeigen noch das Bettpodest an der Rückwand des Raumes. Die ebenfalls im Plan eingezeichnete Tapetentür daneben wurde bei der letzten Restaurierung wieder entdeckt und rekonstruiert.

Der Deckenstuck – wiederum vom Michael Eytel – ist dem der beiden vorangehenden Räume ähnlich, allerdings ohne Veränderungen im 19. Jahrhundert. Leicht Rokokoranken in grau setzen die grüne Kehle vom weißen Deckenspiegel ab. Auf den Ranken tummeln sich groteske, manchmal fontänespeiende Vögel. Ihre Gestaltung ist deutlich durch die Chinamode des 18. Jahrhunderts geprägt.

Januarius Zick, Kreuzigung (links) und Kreuzabnahme (rechts), Öl auf Leinwand; Schlafzimmer des Kurfürsten.

Schlafzimmer des Kurfürsten mit Mainzer Kommode, Portrait des Bauherrn Johann Philipp von Walderdorff von Heinrich Foelix. An der anderen Wand ein Tischchen aus der Röntgenwerkstatt, darüber zwei Passionsdarstellungen von Januarius Zick.

Von der weiteren Ausstattung wissen wir nur, dass der Hofmaler Bernhard Gottfried Manskirsch für diesen Raum Landschaftsdarstellungen schuf. Stichprobenartige Untersuchungen hier und in den anderen Räumen haben gezeigt, dass auf den Wandvertäfelungen und Türen Malereien der Walderdorff-Zeit unter späteren Anstrichen erhalten sind.
Das Schlafzimmer des Kurfürsten wurde nach der Restaurierung mit Gemälden und Möbeln ausgestattet, die Beziehungen zur Trierer und Koblenzer Hofkunst haben oder im 18. Jahrhundert im Rheinland entstanden.
Gemälde: Januarius Zick (1730–1797), Kreuzigung Christi und Kreuzabnahme, Öl auf Leinwand, datiert 175(9). Die Kreuzabnahme ist eine seitenverkehrte Variante des Gemäldes in der bayerischen Staatsgemäldesammlung (um 1762 entstanden und von Zick signiert). Im Gegensatz zu den heiteren buntfarbigen Fresken des Festsaals zeigen die beiden Passionsgemälde eine düstere Dramatik. Das scharf gebündelte Licht hebt die Hauptgestalten aus der dunklen Szene heraus und erinnert an die Gemälde des späten Rembrandt.
Heinrich Foelix (1732–1803), Portrait des Kurfürsten Johann Philipp von Walderdorff, Öl auf Leinwand, (Leihgeber: Graf von Walderdorff). Das Bauherr von Schloss Engers ist in einem aufwendigen Staatsportrait im kurfürstlichen Ornat auf einem vergoldeten Thronsessel sitzend dargestellt. Der ganze Dekorationsapparat – Stoffdraperie, Kurhut auf blauem Samtkissen – für Gemälde dieses Anspruchs ist wiedergegeben. Interessant

Schlafzimmer des Kurfürsten.

ist aber der persönliche Aspekt, die prunkvolle Tischuhr im Hintergrund. Durch das kurfürstliche Wappen in der Bekrönung ist sie auf den Portraitierten bezogen, zugleich ist sie aber ein im Barock geläufiges Zeichen der Vergänglichkeit. Der Rahmen des Gemäldes mit dem goldenen Schnitzwerk an den Ecken ist zugehörig. Der Maler Heinrich Foelix ist seit 1755 am kurfürstlichen Hof in Ehrenbreitstein nachweisbar. Er war der Portraitist der Herrscher und des Hofstaats unter den letzten beiden Kurfürsten vor der französischen Revolution. Kurfürst Clemens Wenzeslaus ernannte ihn 1775 zum Hofmaler. Foelix war ein gefragter Maler im Kurfürstentum, von dem zahlreiche Portraits noch erhalten sind. Aber nach dem Untergang des Kurstaats und der Besetzung durch französische Revolutionstruppen verlor er seinen Kundenkreis vollständig, so dass er 1803 in großer Armut endete.

In der Vitrine: Heinrich Foelix, kleines Ganzfigurenportrait des Kurfürsten Johann Philipp von Walderdorff (Öl auf Leinwand). Trotz des kleinen Formats Herrscherbild mit dem Dargestellten in vollem Ornat mit allen fürstlichen Würdeformen und Attributen: schwere vergoldete Prunkmöbel, Kurhut auf Samtkissen, wallende Vorhangdraperie vor Säulenkulisse im Hintergrund. Bilder dieser Art dienten als Ehrengeschenke an Geistliche oder Hofbedienstete mittleren Ranges.

In der Vitrine ist eine kleine Teeschatulle aus der Möbelmanufaktur des David Roentgen ausgestellt (Neuwied, letztes Drittel 18. Jahrhundert, Mahagoni mit Messingeinlage). Das Innere ist mit originaler apfelgrüner Seide ausgeschlagen. Die Unterteilung diente für Teedosen. Im Sockel ist an der Seite eine kleine Geheimschublade mit versteckter Verriegelung. Das elegante Kleinmöbel ist ein Beispiel für die strenge Eleganz und technische Raffinesse der Roentgen-Möbel. Schatullen dieser Art waren in ganz Europa ein beliebtes Geschenk. In der Roentgen-Werkstatt entstanden laut Buchführung über 100 Stück. 1786 wurden 22 Exemplare an die Zarin Katharina die Große nach Russland geliefert, die sie als „Verpackung" für Gold- oder Schmuckgeschenke nutzte.

Die Ausstattung des Raumes entspricht nicht mehr der eines kurfürstlichen Schlafzimmers, sondern musealen Gesichtspunkten. Soweit möglich soll dies langfristig geändert werden. Es seien nur die wichtigsten Möbel vorgestellt:

Schreibsekretär, Roentgen-Werkstatt (?) um 1765. Das Möbel ist allseitig geschweift, die Ansichtsseiten sind mit Bildintarsien furniert: Auf der Außenseite der Schreibplatte galante Schäfer- und Musikantenszenen, auf den Seiten des Schreibkastens Gehänge mit Musikinstrumenten, in den Feldern darunter Gehänge mit Jagdbeute und Waffen. Es wurden zahlreiche Furnierhölzer – unter anderen Ebenholz, Nussbaum, Palisan-

Schreibsekretär mit reichen Intarsieneinlagen im Schlafzimmer des Kurfürsten.

Bernhard Gottfried Manskirsch, zwei Waldlandschaften, Gegenstücke (Öl auf Leinwand).

der, Obsthölzer – verarbeitet, darunter auch gefärbte. Die Metallteile der Waffen sind in Zinn eingelegt. Die bewegten Formen des Möbels entsprechen noch dem Rokoko, ebenso die Figurenintarsien. Dagegen sind die Gehänge mit den Girlanden und Schleifen bereits durch den Louis XVI.-Stil geprägt.

Kommode, Mainz, Mitte 18. Jahrhundert. Dreischübig mit geschwungener Front. Reich geschnitztes Fußgestell mit Bocksbeinen. Aufwendige Intarsien und perspektivische Würfelmarquetterie aus zahlreichen Furnierhölzern, u.a. Nussbaum, Nusswurzel, Ahorn, Pflaume. Kennzeichnend für die Mainzer Möbel des mittleren 18. Jahrhunderts sind die über Eck gestellten Lisenen, die sich im Sinne eines übermütigen Rokoko vom Möbelkasten abheben, einrollen oder Voluten bilden. Die Mainzer Möbel der Mitte des 18. Jahrhunderts sind ausgezeichnet durch eine Verbindung von virtuoser Schnitzarbeit mit feinsten Intarsienflächen.

Sitzgruppe (Sofa, Armlehnsessel, fünf Polsterstühle). Gestelle vergoldet, Bezug taubenblauer Seidendamast. Die Garnitur gehörte zur Erstausstattung des Koblenzer Stadtschlosses, das der letzte Trierer Kurfürst Clemens Wenzeslaus ab 1778 erbauen ließ. Die Möbel wurden nach einem Entwurf des Schlossarchitekten Antoine François Peyre um 1786 vermutlich von Koblenzer Möbelschreinern gefertigt. Die Möbel erhielten den jetzigen Bezug und eine Neuvergoldung, als sie in der Mitte des 19. Jahrhunderts für eine Neuausstattung des Schlosses als Sitz des preußischen Königs Friedrich Wilhelm IV. und seines Bruders Prinz Wilhelm wieder verwendet wurden.

Wandleuchter mit Spiegeln, letztes Drittel des 18. Jahrhunderts, vergoldetes Lindenholz. Die Wandleuchter stammen ebenfalls aus dem Koblenzer Stadtschloss. Die Rocaillen und die C-Schwünge des Schnitzwerks stehen dem späten Rokoko, der Stilstufe des Schlosses von Engers, nahe.

Bernhard Gottfried Manskirsch, Flusslandschaft mit Bauernhaus, 1772 (Öl auf Leinwand).

Da die historischen Räume des Koblenzer Stadtschlosses zerstört sind, haben die erhaltenen Ausstattungsgegenstände im Schloss von Engers, dessen zweiter Eigentümer der Kurfürst Clemens Wenzeslaus war, eine angemessene Heimat gefunden.

Das Ankleidekabinett

Eine Tapetentür in der Rückwand des ehemaligen Schlafzimmers – ursprünglich neben dem Bettpodest – führt in das Ankleidekabinett. Seine Dekoration ist naturgemäß bescheiden, mit einfachem Leistenstuck. Neben dem Durchgang zum Schlafzimmer befindet sich in der Wand eine Abtrittnische. Sie ist halbrund in die Wand eingetieft mit einer Wölbung. Bei der Freilegung der vermauerten Nische fanden sich Reste einer gemalten Marmorimitation sowie eines kleinen halbrunden Fensters. Unter dem hölzernen Sitz entsorgte ein Schacht bis ins Kellergeschoss die „Geschäfte“ des fürstlichen Herrn. Eine weitere Abtrittnische wurde im Flur vor den Räumen des Kurfürsten gefunden. Sie war durch eine Holztür geschlossen. Man konnte den Abtritt nicht sitzend benutzen, wie üblich, sondern lediglich zur Entleerung des Nachtgeschirrs.

Im Ankleidezimmer hängen vier Landschaftsgemälde von Bernhard Gottfried Manskirsch (1736–1817). Manskirsch ist seit 1761 am kurfürstlichen Hof in Ehrenbreitstein tätig und wurde 1769 von Kurfürst Clemens Wenzeslaus zum Hofmaler ernannt. Johann Philipp von Walderdorff beauftragte ihn mit Landschaftsdarstellungen im Wohnzimmer und im Schlafzimmer seiner Suite im Schloss von Engers. Die vier Landschaftsgemälde im Ankleidekabinett wurden erst anlässlich der Restaurierung erworben:

• Zwei Waldlandschaften (Öl auf Leinwand) Gegenstücke, eines mit Signatur Manskirsch inv.

• Weite Flusslandschaft mit Bauernhaus, Rindern und Hirten (Öl auf Leinwand), signiert Gt. Mannskirsch pinx 1772.

• Düstere Landschaft mit Gebirgsbach und zwei Betrachtern (Öl auf Leinwand), signiert G. Mannskirsch Pinx.

Es handelt sich nicht um real gesehene und wiedergegebene Landschaften, sondern um idealisierte Kompositionen aus Baumgruppen, Gewässern und kleinen Staffagefiguren, die zu einem malerischen Bildraum komponiert wurden, um beim Betrachter emotionale Stimmungen hervorzurufen. Manskirsch übernimmt das Schema der komponierten Ideallandschaft von den niederländischen Landschaftsmalern des 17. Jahrhunderts (beispielsweise Jacob van Ruisdael). Dennoch finden sich bereits Elemente der genauen Naturbeobachtung, die auf die romantische Landschaftsmalerei hinweisen. Manskirsch war offenbar eine künstlerische Doppelbegabung, denn er diente auch als Musiker am kurfürstlichen Hof.

Zwei Pferdeportraits erinnern daran, dass die Preußen um 1840 planten, in Engers das rheinische Landesgestüt einzurichten. Man hatte bereits im Schlosskeller Pferdeställe eingebaut, als die Maßnahmen zugunsten eines anderen Standortes am Niederrhein aufgegeben wurden.

Das dritte Geschoss, das Mezzaningeschoss, ist nur über die Nebentreppenhäuser erreichbar. Die verhältnismäßig niedrigen Räume wurden von den Kavalieren des kurfürstlichen Hofstaats bewohnt; einige besitzen noch Decken mit schlichtem Leistenstuck. Heute sind hier die Verwaltungsräume der Stiftung „Villa Musica“, die Cafeteria und Appartements für Stipendiaten untergebracht.

Die gärtnerischen Außenanlagen

In unmittelbarer Nähe des Schlosses war kein Platz für eine große, repräsentative Gartenanlage, die auf das Schloss bezogen war. Zwischen der Südfront des Schlosses und dem Rheinufer waren seitlich der großen Freitreppe Flächen, die sicher für zwei formale Gartenparterres genutzt wurden. Hierzu ist aber nichts überliefert. Reste und Spuren, die im Zusammenhang mit der Restaurierung des Schlosses gefunden wurden, belegen, dass das hohe Kellergeschoss der Rheinfront mit Lat-

tenspalieren verkleidet war. Die Südfassade bot sich für die Zucht von kälteempfindlichen Obstsorten an. Im Zuge der Restaurierung wurden die Spaliere rekonstruiert und mit Spalierobststämmen bepflanzt.
Beschränkter Raum für eine Gartenanlage bestand westlich zwischen dem Schloss und dem Haus der Grafen von Spee. Über die Gestaltung ist wiederum nichts bekannt. Eine größere gärtnerische Anlage wurde erst Anfang des 19. Jahrhunderts möglich, als die Herzöge von Nassau-Weilburg das Schloss von Engers übernahmen und 1803 das Herrenhaus der Grafen von Spee pachteten. Nach dem Ankauf im Jahr 1811 entstand eine ausgedehnte Garten- und Parkanlage, die das Spee'sche Haus einbezog, sich aber weit darüber hinaus nach Westen erstreckte. Hier entstand ein „englischer Park" mit den charakteristischen Schlängelwegen und unregelmäßigen Baumgruppen. Nach Übernahme der Liegenschaft durch den preußischen Staat entstand hier 1818 eine Baumschule, die unter anderem die Bäume für den Schlosspark von Burg Stolzenfels lieferte.

Neue Nutzungen für ein barockes Schloss

Im Mai 1995 wurde im historischen Schloss Engers eine hochmoderne Einrichtung zur Kulturförderung eröffnet: Die Akademie für Kammermusik der Villa Musica. Seitdem erhalten pro Jahr mehr als 120 hochbegabte junge Musikerinnen und Musiker in den Räumen des Schlosses eine Zusatzausbildung im Bereich Kammermusik. Sie übernachten in den Mansarden, proben in den ehemaligen Kabinetten der Beletage, konzertieren im Saal der Diana, der dank seiner hervorragenden Akustik zu den besten Kammermusiksälen in Rheinland-Pfalz zählt.
Diese Nachwuchsförderung, in Schloss Engers für 25 Wochen im Jahr Alltag, ist in Deutschland einmalig. Die Besten des Musikernachwuchses bekommen hier kostenlos die Gelegenheit, mit Musikprofessorinnen und -professoren aus der ganzen Welt zu proben und im Konzert aufzutreten. Der Feinschliff in der diffizilen Kunst der Kammermusik ist Ziel dieser Initiative, die eine Ausbildungslücke an den deutschen Musikhochschulen schließt. Sie ist gleichbedeutend mit dem Namen Villa Musica.
1986 gründete die Landesregierung Rheinland-Pfalz unter Beteiligung des Südwestfunks die Stiftung Villa Musica mit einem doppelten Auftrag: Förderung des musikalischen Nachwuchses und Veranstaltung von Konzerten im ganzen Bundesland. Seit 1995 ist Schloss Engers das Zentrum dieser Aktivitäten, die mit stolzen 150 Konzerten pro Jahr in mehr als 50 Städten und Gemeinden von Rheinland-Pfalz mit den größten Musikfestivals in Deutschland konkurrieren kann. Die Qualität der in Schloss Engers ausgebildeten Nachwuchskünstler – es

waren seit 1995 weit mehr als 1000 – und die programmatischen Besonderheiten der Schlosskonzerte haben sich weit über die Landesgrenzen hinaus herumgesprochen. Dazu trugen auch die enge Zusammenarbeit mit dem SWR und die musikwissenschaftliche Aufarbeitung des Repertoires in den Colloquia zur Kammermusik Schloss Engers bei. Schloss Engers kann seinen Namen „Akademie für Kammermusik“ also mit Fug und Recht beanspruchen. Unter der Ägide der Villa Musica, der das Schloss seit 1999 auch gehört, entfaltet sich hier ein reges kulturelles Leben.
In der architektonischen Ästhetik setzt die Akademie für Kammermusik moderne Akzente – ein Kontrapunkt aus funktionalem Weiß zum Blassgrün und Rosa der Beletage und zur Farbenpracht des Dianasaals. Wo zwischen 1920 und 1990 die Krankenzimmer und OP-Säle einer Orthopädischen Klinik untergebracht waren, sorgen heute glatt-weiße Wände und schwarze Möbel unter freigelegten Stuckdecken für modernen Komfort. Die Appartments, in denen die Musiker wohnen, stehen gelegentlich auch Konzertbesuchern zur Übernachtung offen, und die Probenräume haben sich als ideales Ambiente für Tagungen erwiesen, die im Schloss in großer Zahl durchgeführt werden.
Zum historischen Bestand und den modernen Räumen der Akademie fügt sich als dritter Baustein im harmonischen Ganzen das Schlossrestaurant mit der Rheinterrasse. In den Ausbauplänen für das Schloss war von vornherein die Nutzung des Kellers als Restaurant vorgesehen. Was als eine Art gehobener Kantine begann, hat sich mittlerweile zu einem gastronomischen Betrieb von herausragender Qualität gemausert. Ganzjährig können die Gäste unter den barocken Gewölben des Schlosskellers Platz nehmen. In den Sommermonaten dürfen sie bei einem Glas rheinischen Rieslings auch den herrlichen Blick von der Rheinterrasse auf den Strom genießen. Wer hier seine Hochzeit oder eine andere Festlichkeit feiern will, ist in den Räumen des Schlosses herzlich willkommen. Informationen findet man im Internet auf den Homepages des Schlosses und des Schlossrestaurants (www.schloss-engers.de. und www.schlossrestaurant-engers.de). Musikalisch und anderweitig Interessierte werden auch gerne am Telefon beraten (0 26 22 / 92 64 0).
Konzerte und musikalische Ausbildung, Feste, Tagungen und Menüs, wie sie in Schloss Engers auf der Tagesordnung stehen, entsprechen den modernen Nutzungskonzepten, die deutsche Schlösserverwaltungen allenthalben praktizieren. Neben die Schätze des Rokoko im Museum und Dianasaal tritt das vielfältige Leben eines Kulturhauses, das allen offensteht. Messen des regionalen Gewerbes, Volksfeste und Open-Air-Veranstaltungen auf dem Schlosshof runden dieses farbenfrohe Bild ab – nicht anders, als es zu Zeiten des Kurfürsten von Walderdorff gewesen ist.

Karl Böhmer

Schloss Engers

Dieter BERNINGER: „Triumph der Diana“ im Schloss zu Engers am Rhein, in: Heimat-Jahrbuch des Landkreises Neuwied 1986, S. 64–68

Bernd BRAUKSIEPE/Anton NEUGEBAUER: Künstlerlexikon. 250 Maler in Rheinland-Pfalz 1450–1950, hrsg. vom Kultusministerium Rheinland-Pfalz, Mainz 1986

Dienst und Herrschaft – Aspekte adligen Lebens am Beispiel der Familie Walderdorff, Ausstellung im Bischöflichen Dom- und Diözesanmuseum Trier, 25. September–10. Januar 1999

Josef M. GREBER: Abraham und David Roentgen. Möbel für Europa. Werdegang, Kunst und Technik einer deutschen Möbelmanufaktur, 2 Bände, Starnberg 1980.

Willi K. HATTNER: Zur Geschichte der Burg Kunostein und der Befestigung von Engers nach der Erhebung zur Stadt im Jahre 1357, 3 Teile, in: Heimat-Jahrbuch des Landkreises Neuwied 1979, 41–45, 1980, 45–49, 1981, 60–63

Joachim HOTZ: Das „Skizzenbuch Balthasar Neumanns“ (Universitätsbibl. Würzburg, Delin. III). Studien zur Arbeitsweise des Würzburger Meisters und zur Dekorationskunst im 18. Jahrhundert, Teil 1: Text und Katalog. Teil 2: „Skizzenbuch“, Wiesbaden 1981

Friedhelm JÜRGENSMEIER (Hrsg.): Die von Walderdorff. Acht Jahrhundert Wechselbeziehungen zwischen Region Reich Kirche und einem rheinhessischem Adelsgeschlecht, Rheinischer Verein für Denkmalpflege und Landschaftsschutz, Köln 1998

Bernd Wolfgang LINDEMANN: Ferdinand Tietz 1701–1777. Studien zu Werk, Stil und Ikonographie, Weißenhorn 1989

Karl LOHMEYER: Johannes Seiz. Kurtrierischer Hofarchitekt, Ingenieur, sowie Obristwachtmeister und Kommandeur der Artillerie 1717–79 (Heidelberger Abhandlungen, Bd. 1), Heidelberg 1914

DERS.: Über die Jagdfreuden und die Jagdschlösser des Kurfürsten Johann Philipp von Trier, in: Mitteilungen des Rheinischen Vereins für Denkmalpflege und Heimatschutz 12, 1918, S. 98–112

Fritz MICHEL: Forst und Jagd im alten Erzstift Trier, Trier 1958

Heinrich Neu/Hans Weigert: Die Kunstdenkmäler des Kreises Neuwied (= Die Kunstdenkmäler der Rheinprovinz, Bd. 16,2), Düsseldorf 1940

Jörg Restorff: Die Baukunst des kurtrierischen Hofarchitekten Johannes Seiz unter besonderer Berücksichtigung der Schlösser und Residenzen, Phil. Diss. Münster 1992

Adelheid Schlagberger-Simon: Süddeutsche Entwurfszeichnungen zur Dekorationskunst in Residenzen und Kirchen des 18. Jahrhunderts (= Sammlungskataloge der Kunstbibliothek Berlin 10), Berlin 1976

Adelheid Simon/Franz X. Schlagberger: Januarius Zick. Der letzte bürgerliche Großmaler Deutschlands. Fresken – Entwürfe – Tafelbilder, Prüm 1987

Christian von Stramberg: Denkwürdiger und nützlicher rheinischer Antiquarius ... , Koblenz 1845–1871 (zu Engers: Abt. I, Bd. 1, S. 645; Abt. III, Bd. 2, S. 123–125)

Josef Strasser: Januarius Zick, Weißenhorn 1994

Ein letzter Glanz. Die Koblenzer Residenz des Kurfürsten zum 200. Todesjahr des Hofmalers Heinrich Foelix. Ausstellung Mittelrhein-Museum Koblenz 12. Juli bis 14. September 2003

Villa Musica

Christoph-Hellmut Mahling, Kristina Pfarr, Karl Böhmer (Hrsg), Schloss Engers.Colloquia zur Kammermusik, Band 1-3, Mainz 1998, 1999, 2002 (Musikwissenschaftliche Vorträge zu verschiedenen Themen der Kammermusik und ihrer Geschichte).

Villa Musica (Hrsg.), Akademie für Kammermusik der Villa Musica im Kurfürstlichen Schloss Engers (Festschrift zur feierlichen Eröffnung), Mainz 1995.

Villa Musica (Hrsg.), Konzerte in Schloss Engers (fortlaufende Broschüre der Landesstiftung Villa Musica).